Insectos sedientos

Lisa J. Amstutz y Alma Patricia Ramirez

ANTES Y DURANTE LAS ACTIVIDADES DE LECTURA

Antes de la lectura: *Desarrollo del conocimiento del contexto y el vocabulario*

El construir el conocimiento del contexto puede ayudar a los niños a procesar la información nueva y usar de base lo que ya saben. Antes de leer un libro, es importante utilizar lo que ya saben los niños acerca del tema. Esto los ayudará a desarrollar su vocabulario e incrementar la comprensión de la lectura.

Preguntas y actividades para desarrollar el conocimiento del contexto:

1. Ve la portada del libro y lee el título. ¿De qué crees que trata este libro?
2. ¿Qué sabes de este tema?
3. Hojea el libro y echa un vistazo a las páginas. Ve el contenido, las fotografías, los pies de foto y las palabras en negritas. ¿Estas características del texto te dan información o predicciones acerca de lo que leerás en este libro?

Vocabulario: *El vocabulario es la clave para la comprensión de la lectura*

Use las siguientes instrucciones para iniciar una conversación acerca de cada palabra.

- Lee las palabras del vocabulario.
- ¿Qué te viene a la mente cuando ves cada palabra?
- ¿Qué crees que significa cada palabra?

> **Palabras del vocabulario:**
> - néctar
> - quijadas
> - rocío
> - sed

Durante la lectura: *Leer para obtener significado y entendimiento*

Para lograr la comprensión profunda de un libro, se anima a los niños a que usen estrategias de lectura detallada. Durante la lectura, es importante hacer que los niños se detengan y establezcan conexiones. Esas conexiones darán como resultado un análisis y entendimiento más profundos de un libro.

 Lectura detallada de un texto

Durante la lectura, pida a los niños que se detengan y hablen acerca de lo siguiente:

- Partes que sean confusas.
- Palabras que no conozcan.
- Conexiones texto a texto, texto a ti mismo, texto al mundo.
- La idea principal en cada capítulo o encabezado.

Anime a los niños a usar las pistas del contexto para determinar el significado de las palabras que no conozcan. Estas estrategias ayudarán a los niños a aprender a analizar el texto más minuciosamente mientras leen.

Cuando termine de leer este libro, vaya a la última página para ver una **Actividad para después de la lectura.**

Contenido

Los insectos necesitan agua

¿A los insectos les da **sed**?

¡Sí! Todos los seres vivos necesitan agua.

La boca de un insecto

Los escarabajos no tienen dientes. Pero pueden masticar.

Sus **quijadas** filosas cortan la comida.

Una polilla se posa en una flor.

Chupa el **néctar**. Su boca es como una pajilla.

Una mosca le escupe a la comida.

La comida se vuelve una papilla. Entonces la mosca se la come.

Hallando agua

Algunos insectos comen plantas.

Su alimento es húmedo. No necesitan beber.

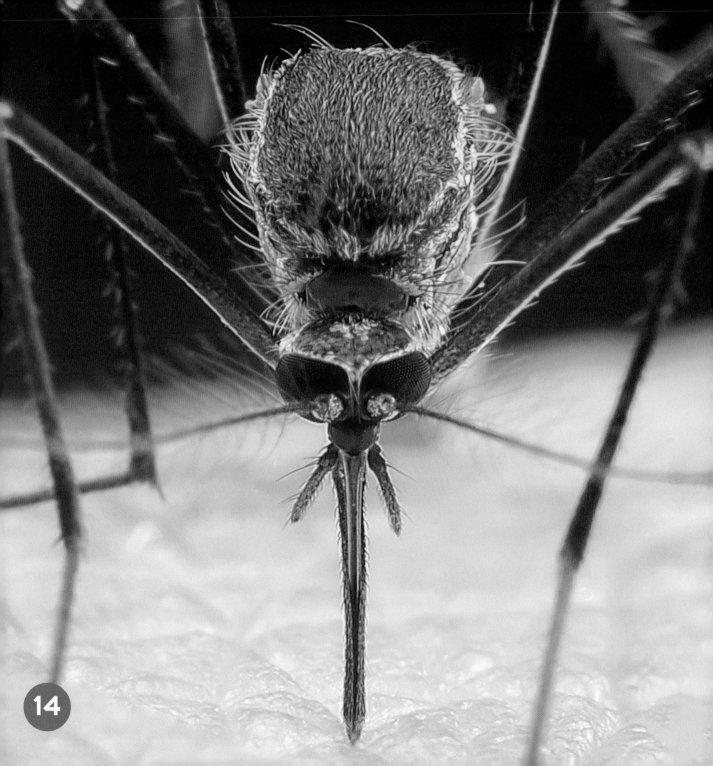

Otros insectos chupan sangre.

La sangre contiene agua.

Algunos insectos comen carne. Necesitan encontrar agua.

Pero, ¿dónde?

Los insectos beben gotas de lluvia.

Beben de ríos y estanques.

El desierto es seco. El agua es difícil de encontrar.

Los insectos del desierto beben el **rocío**.

Glosario fotográfico

néctar (néc-tar): Un líquido dulce de las flores que las abejas recogen para hacer miel.

quijadas (qui-ja-das): Parte inferior de la cara de un animal o persona, justo encima del cuello.

rocío (ro-cí-o): Pequeñas gotas de agua que se depositan durante la noche en superficies exteriores.

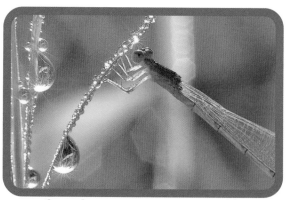

sed (sed): Necesitar o querer algo para beber.

Beber como un insecto

Intenta beber como un pulgón o una mosca. Un pulgón mete su boca en una planta. Chupa sus jugos. Una mosca escupe en su comida. Luego se la come.

Materiales

dos pajillas para beber naranja azúcar
toalla de papel tazón agua
cinta

Instrucciones

1. Mete una pajilla en una naranja.
2. Chupa el jugo.
3. Después, envuelve una pequeña pieza de la toalla de papel alrededor del extremo de una pajilla. Pégala con la cinta.
4. Esparce un poco de azúcar en un tazón.
5. Pon unas gotas de agua sobre el azúcar. Mírala disolverse.
6. Intenta chupar el agua con azúcar con la pajilla.

Índice analítico

Acerca de la autora

Lisa J. Amstutz es autora de más de 100 libros infantiles. A ella le gusta aprender acerca de las ciencias y compartir datos divertidos con los niños. Lisa vive en una pequeña granja con su familia, dos cabras, una parvada de gallinas y una perrita llamada Daisy.

Actividad para después de la lectura

¿Cómo bebes? Viertes agua en tu boca. Tu lengua ayuda a empujar el agua hacia tu garganta. ¿Cómo bebe un gato? ¿Y un perro, o un pez? Si puedes, mira a diferentes animales y descubre cómo beben.

Library of Congress PCN Data

Insectos sedientos / Lisa J. Amstutz
(Mi biblioteca de Ciencias Biológicas)
ISBN 978-1-73165-297-3 (hard cover) (alk. paper)
ISBN 978-1-73165-267-6 (soft cover)
ISBN 978-1-73165-327-7 (e-book)
ISBN 978-1-73165-357-4 (e-pub)
Library of Congress Control Number: 2021952178

Rourke Educational Media
Printed in the United States of America
01-2412211937

Editado por: Laura Malay
Portada y diseño de interiores: Nicola Stratford
Traducción: Alma Patricia Ramirez

Photo Credits: Cover logo: frog © Eric Phol, test tube © Sergey Lazarev, cover tab art © siridhata, cover photo © zairiazmal, cover ladybugs and water drops © By Hamara, page background art © Zaie; page 5 © Mira Anggun Sari; page 6-7 © Mark Brandon; page 9 © Kazbek Chermit; page 11 © worker; page 12-13 © srisaowaluck; page 14 © Young Swee Ming; page 17 © sunakri; page 18 © Sue Robinson; page 20 © Maksimilian; page 21 © kawkin; page 22 (nectar) © Daniel Prudek All images from Shutterstock.com